Möge Frieden und Glück walten

Grundsatzrede von
Sri Mata Amritanandamayi
während der abschließenden
Plenarsitzung des Parlaments der
Religionen der Welt in Barcelona,
Spanien, am 13. Juli 2004

Mata Amritanandamayi Center, San Ramon
Kalifornien, Vereinigte Staaten

Möge Frieden und Glück walten

Herausgegeben von:
Mata Amritanandamayi Center
P.O. Box 613
San Ramon, CA 94583
Vereinigte Staaten

---- *May Peace and Happiness Prevail (German)* ----

Copyright ©2004 Mata Amritanandamayi Mission Trust, Amritapuri, Kerala 690546, Indien

Alle Rechte vorbehalten. Kein Teil dieses Buches darf ohne Erlaubnis des Herausgebers, außer für Kurzbesprechungen, reproduziert oder gespeichert werden oder in sonstiger Form – elektronisch oder mechanisch - fotokopiert oder aufgenommen werden. Die Übertragung ist in keiner Form und mit keinem Mittel erlaubt.

Erstausgabe vom MA Center: September 2016

In Deutschland: www.amma.de

In der Schweiz: www.amma-schweiz.ch

In India:
inform@amritapuri.org
www.amritapuri.org

Inhalt

Vorwort..5

von **Federico Mayor Zaragoza,**
Ehem. Generalsekretär der UNESCO
Präsident der Stiftung ‚Kultur des Friedens',
Madrid, Spanien

Einführung 9
von **Swami Amritaswarupananda Puri,**
Vize-Präsident Mata Amritanandamayi Math

Grundsatzrede... 19
  von **Sri Mata Amritanandamayi**

Vorwort

Mit einem sehr großen Gebet können wir alle gemeinsam die Richtung der derzeitigen Vorgänge ändern. Jeder einzelne Mensch, der kreativ sein kann, ist unsere Hoffnung.

Amma erinnert uns: „In unserer Eile vergessen wir die größte aller Wahrheiten – dass die Ursache aller Probleme im menschlichen Geist liegt." Dasselbe drücken die Zeilen des großen amerikanischen Schriftstellers Archibald McLeish am Anfang der Präambel für die leuchtende Satzung der UNESCO aus: Weil Krieg dem menschlichen Geist entstammt, müssen wir die Burg des Friedens im Geist des Menschen errichten."

Wahre Erziehung gibt uns die Freiheit, nach unseren eigenen Entscheidungen zu handeln ohne Vorschriften von irgend jemand zu befolgen. Die an sich nützlichen Massenmedien können uns wegen ihrer Allgegenwart und Anziehungskraft zu passiven Zuschauern machen, die alle identisch sind und fügsam annehmen, was sie an eigennützigen Empfehlungen bieten. Es ist sehr wesentlich, sich Zeit zum Denken, Fühlen, Hören und Kennenlernen von Anderen zu nehmen und schließlich - was sehr schwierig ist -, unser eigenes Selbst zu erkennen.

Amma sagte im Parlament der Religionen der Welt: „Zusammen mit dem Verständnis der äußeren Welt ist es grundlegend wichtig, auch die innere Welt zu erkennen." Und sie fügte hinzu: „Liebe und Mitgefühl sind die wahre Essenz aller Religionen... Liebe erfährt durch Religion, Rasse, Nationalität oder Gesellschaftsklasse keine Begrenzungen."

Um Armut auszurotten und Leiden zu mildern oder irgendwie zu beseitigen, müssen wir geben, auch uns selbst. Alles, was wir können, zu geben und an erster Stelle unsere Zeit, unser Wissen, unsere Brüderlichkeit.

Die materielle Armut von Vielen ist das Ergebnis spiritueller Armut von solchen, die ihnen hätten Erleichterung bringen können. Man muß nachdrücklich betonen , dass dies die Folge einer Kultur der Macht, der Ausnützung und des Beherrschens ist. Und ebenso die Folge des Stillschweigens von Einzelnen und Institutionen, die ihre Proteste und Vorschläge nicht frei ausgedrückt haben.

Vorwort

Der Zeitpunkt ist gekommen für die Pflege des Dialogs, für gegenseitige Übereinkommen, für Verständnis. Und es ist der Moment zur Pflege von Frieden und hilfreichem Beistehen und der vereinten Stimmen. Schließlich ist es das Jahrhundert der Menschen, alle unterschiedlich, aber alle vereint. So kann in der Geschichte der Menschheit ein neuer Schritt getan werden.

Amma bittet darum, dass wir zu Gunsten anderer arbeiten, für die Bedürftigsten. Ich wünsche, dass ihr Gebet erhört werde: „Möge der Lebensbaum im Erdboden der Liebe fest verwurzelt sein."

Federico Mayor Zaragoza
Ehem. Generalsekretär der UNESCO
Präsident der Stiftung
‚Kultur des Friedens', Madrid, Spanien

August 2004

Einführung

Heutzutage verbinden wir Konzepte wie Vielfalt und Unterschiede in Religion und Kultur oft mit Konflikt, Krieg und Terrorismus. Seit dem 11. September 2001 hat sich die Welt verändert; unser Kollektivbewusstsein füllte sich mit Furcht, Verdacht und gar Feindseligkeit gegen jene, die von uns verschieden sind. An einem solchen Punkt der Geschichte ist eine internationale, interreligiöse Zusammenkunft wichtiger denn je zuvor. Die Welt dürstet nach einer Stimme die uns inspiriert, uns in Frieden zu vereinen. Beim Parlament der Religionen der Welt 2004 in Barcelona war Amma diese Stimme. Die universelle, zeitlose Weisheit ihrer Worte spricht zu uns, erreicht uns in dieser kritischen Zeit mit außergewöhnlicher Resonanz.

Als Amma sich auf die Bühne begab, erhob sich das ganze Auditorium augenblicklich und applaudierte spontan. Ein Zeitungsreporter äußerte: „Ihre Persönlichkeit ist so, dass man sich spontan zu ihr hingezogen fühlt. Und natürlich ist sie anders und einmalig, nicht wie sonstige spirituelle Meister." Die Halle war zum Bersten voll, viele setzten sich auch in die Gänge und Korridore. Die Atmosphäre war durchdrungen von tiefem Respekt und fühlbarer Erregung. Amma sollte die Hauptansprache für die abschließende Vollversammlung des siebentägigen Parlamentes halten. Ihr Thema war: „Wege zum Frieden – die Weisheit des Zuhörens, die Macht des Engagements."

Was würde dieses bemerkenswerte spirituelle Wesen bei dieser Gelegenheit an Lehren schenken? Wie würde sie das Wesentliche der Hunderte von Vorträgen, Diskussionen und Symposien dieser Tagung in einer einzigen, integrierten, vereinigenden Botschaft verknüpfen? Als Amma sprach, kam die Antwort. Die echten Probleme, denen wir heutzutage gegenüber stehen und Wege sie zu lösen, wurden der Reihe nach dargelegt. Amma war in der Lage, alle Botschaften, Lehren und Wege zu vereinen wie es der Rolle des wahren spirituellen Meisters entspricht. Wie immer waren ihre Worte einfach, aber tiefschürfend. Ammas Rede, die grundlegende spirituelle Prinzipien ausdrückte, war gefüllt mit ansprechenden Geschichten, praktischen Beispielen und schönen Analogien. In ihrer kurzen, aber kraftvoll

Einführung

Ansprache gelang es ihr, im wesentlichen alle Lebensbereiche zu berühren.

Zu Beginn erklärt Amma, wie wir unsere von Gott gegebenen Talente betrachten sollen. Indem wir die in uns liegende spirituelle Kraft vermehren, anstatt die Macht in ihren verschiedenen materiellen Formen zu pflegen, können wir wahren Frieden und innere Zufriedenheit erreichen. Und statt nur die Religion für die dauernde Frustration verantwortlich zu machen, welche die Menschheit auf der Suche nach Glück erfährt, bringt Ammas Rede eine neue Sicht von Religion und Spiritualität, eine Sichtweise, die in der heutigen Welt äußerst notwendig ist. Indem sie alle ermahnt, die Essenz der Religion aus einer spirituellen Perspektive zu verstehen, erinnert Amma uns: „Wo echte spirituelle Erfahrung ist, kann keine Spaltung sein – nur Einheit und Liebe."

Amma warnt mit folgenden Worten vor religiösem Fanatismus: „Das Problem entsteht, wenn wir sagen:‚Unsere Religion ist richtig, eure ist falsch!' Dies ist dasselbe wie zu sagen:‚meine Mutter ist gut, deine Mutter ist eine Prostituierte!" Amma zeigt jedoch auch einen Weg zur Lösung: „Liebe ist die einzige Religion, die der

Menschheit helfen kann, in große, glorreiche Höhen empor zu steigen. Und Liebe sollte wie eine Perlenschnur sein, auf der alle Religionen und Philosophien zusammen aufgezogen sind." Sie fährt dann fort, dass wir die Verschiedenheit respektieren und den anderen mit offenem Herzen zuhören müssen, wenn wir Einheit erwecken und Liebe verbreiten wollen.

Auf schöne Art spricht Amma auch von dem Thema Krieg, indem sie dafür plädiert, dass Geld und Anstrengung, die wir für Krieg aufbringen, stattdessen dem Weltfrieden zufließen könnten, dies würde Friede und Harmonie in die Welt bringen. Wiederum betont Amma hier, dass das Mittel zur Überwindung interner und externer Feinde nicht physischer oder ideologischer Zwang ist, sondern Spiritualität.

Amma definiert im weiteren ein anderes weltweites aktuelles Dilemma neu – die Armut. Sie teilt Armut in zwei Arten auf - die physische und die spirituelle - und drängt uns alle, uns der letzteren mit Vorrang zuzuwenden, denn nur so kann für eine dauernde Lösung für beide gesorgt werden.

Ammas Worte heben uns immer über persönliche Unterschiede und Wünsche hinaus

Einführung

und führen uns zur Erfahrung der Einheit, die der Menschheit zugrunde liegt. In Barcelona betonte sie auf dem Höhepunkt ihrer Ansprache diese Botschaft der Einheit erneut. Mit der ergreifenden Geschichte eines Regenbogens veranschaulicht Amma, wie Verschiedenheit und Einheit zusammen sein können, wenn wir nur die Weisheit erwerben, dass wir unser eigenes Glück finden können, indem wir andere glücklich machen.

Oft hat Amma geäußert, die höchste Pflicht Gott gegenüber sei, den Armen zu dienen. Zum Abschluss ihrer Rede ruft Amma ihre Kinder klar zu einem Engagement auf: „Wir sollten uns verpflichten, zugunsten von Leidenden jeden Tag eine halbe Stunde länger zu arbeiten – dies ist Ammas Wunsch." Wer sonst wäre qualifizierter, um über die Wichtigkeit und Schönheit von selbstlosem Dienst zu sprechen? Solche Worte haben eine völlig andere Dimension und Überzeugungskraft, wenn von einer gesprochen, die ihr Leben so meisterhaft gestaltet hat, dass es zu einer Illustration ihrer eigenen Lehren wurde.

Ammas Rede erhielt donnernden Applaus und stehende Ehrenbezeugung.

Möge Frieden und Glück walten

In jener Nacht gab Amma Darshan, obwohl dies nicht zum eigentlichen Programm gehörte (tatsächlich war die Tagung beendet). Eine riesige Menge von Bewunderern und eine Anzahl Funktionäre und Delegierte des Parlamentes kamen, um Ammas Segen zu empfangen.

Der Darshan fand in einem Zelt am Strand des Mittelmeeres statt. Es war von der Sikh Gemeinschaft errichtet worden, die während der Dauer der Tagung darin die Delegierten des Parlamentes bewirtete. Amma traf kurz nach dem Verlassen des Parlamentes im Zelt ein, ging ohne Zeremonien auf einen gerade noch rechtzeitig bereitgestellten Stuhl zu (niemand war ja sicher gewesen, ob sie Darshan geben werde) und begann ohne Aufhebens die Besucher mit ihrer einmaligen Art der Umarmung zu empfangen. Obwohl keine Lautsprecheranlage vorhanden war, stimmten einige Anwesende Bhajans an und bald sangen alle mit. Der Darshan, der bis tief in die Nacht dauerte, schien eine Manifestation dessen zu sein, wovon Amma einige Stunden vorher gesprochen hatte: da waren Menschen aus ganz Europa, ja der ganzen Welt, mit verschiedener Religionszugehörigkeit beisammen,

Einführung

um gemeinsam die Liebe zu erfahren. Vielfalt in Einheit – die Grundlage zum Frieden.

Während der Nacht erschien der Sikhführer mit einer Gruppe von Anhängern. Während er Amma mit Worten der Ehrerbietung willkommen hieß, tauchte er beide Hände in eine Schale mit Blütenblättern und streute diese reichlich über Amma. Sie antwortete darauf, indem sie Blütenblätter in ihre Hände nahm und sie über ihn und seine Anhänger warf.

Und dann geschah noch etwas, das nichts anderes als ein Wunder ist. Amma war besorgt, weil so viele Menschen all die Stunden mit ihr zusammen waren ohne gegessen zu haben. Die Sikhs boten an, was übrig geblieben war – Essen, das vielleicht für 150 Personen reichte. Als der Darshan zu einem Ende kam, ging Amma sofort zu dem hergerichteten Serviertisch und begann, an ihre Kinder Essen zu verteilen. Gelegentlich passte sie die Portionen dieses oder jenes Gerichtes an, um sicherzustellen, dass alle zu essen bekommen würden. Und sie hatte Erfolg. Am Schluss hatte jeder ein ausreichendes Essen erhalten und die Töpfe waren völlig leer gekratzt. Keine Überreste mussten entsorgt werden. Es ist allerdings unerklärlich, wie Essen für 150 Personen für mehr als tausend reichen konnte, ohne dass Hungrige oder Nahrungsreste übrig blieben.

Bereits wenige Stunden nach Darshan und Essensverteilung war Amma wieder am Flughafen, weniger als 24 Stunden waren seit ihrer Ankunft vergangen. Das Parlament fand in der Zeit von Ammas alljährlicher USA-Tour statt. Sie brach am Ende des Programms von Chicago auf, hielt ihre Rede und den improvisierten Darshan und kehrte rechtzeitig für ihr nächstes Programm nach Washington D.C. zurück.

Barcelona bot eine weitere Plattform für Ammas niemals endende Botschaft der Liebe. Tatsächlich, Liebe besiegt alles. So wollen auch wir unsere Herzen öffnen und uns dieser Liebe ergeben. Die Worte eines Mahatmas (große Seele) sind wie Samen, gesät in das Beet unserer Herzen. Wenn der Boden aufnahmebereit ist und die Samen nährt, können daraus starke Bäume wachsen, die Früchte spenden und vielen Bedürftigen Schatten und Schutz bieten. Mögen Ammas Worte in unseren Herzen keimen und wachsen, damit unsere Leben für die Welt fruchtbar und nützlich werden.

Einführung

Zum Abschluss dieser Worte möchte ich aus einem Artikel des ‚El Periódico', einer führenden spanischen Zeitung, zitieren: „Amma ist ein gutes spirituelles Ass in einer Welt, der es an Glauben mangelt."

Ja, sie führt uns wahrhaftig zum letztendlichen Erfolg, was bedeutet, die mentalen Schwächen hinter sich zu lassen, das volle eigene Potential zu verwirklichen und schließlich inneren Frieden und Ruhe in allen Lebensumständen zu erreichen.

Swami Amritaswarupananda
Vize-Präsident Mata Amritanandamayi Math
Amritapuri

Möge Frieden und Glück walten

Grundsatzrede von
Sri Mata Amritanandamayi
während der abschließenden
Plenarsitzung des Parlaments der
Religionen der Welt in Barcelona,
Spanien, am 13. Juli 2004

Amma verneigt sich vor allen, die wahrhaftig Verkörperungen der reinen Liebe und des höchsten Bewusstseins sind. Die Anstrengung und die Selbstaufopferung jener, die in der Lage waren, einen solch enormen Anlass zu organisieren, können mit Worten nicht ausgedrückt werden. Amma verneigt sich einfach vor soviel Selbstlosigkeit.

Unsere gottgegebenen Fähigkeiten sind ein Schatz für uns selbst und für die ganze Welt. Er sollte nicht missbraucht werden, damit er für uns und für die ganze Welt nicht zu einer Bürde wird. Die größte Lebenstragödie ist nicht der

Tod, sondern die größte Tragödie ist es, wenn wir unsere Talente und Fähigkeiten während der Dauer unseres Lebens nicht voll gebrauchen und sie verrosten lassen. Wenn wir die Schätze der Natur, die Rohstoffe, verwenden, nehmen sie ab. Gebrauchen wir hingegen den Schatz unserer inneren Fähigkeiten, nimmt dieser zu.

Jedoch, wenden wir unsere Fähigkeiten richtig an? Was war schon immer das Ziel der Menschheit? Was wollen wir Menschen erreichen, wonach sehnen wir uns? War das Ziel von uns allen nicht seit eh und je, in unserem privaten Leben und für die Gesellschaft als Ganzes, soviel Glück und Zufriedenheit wie möglich zu gewinnen? Aber wo stehen wir heute? Die meisten von uns bewegen sich von einem Fehler zum anderen. Dies verschlimmert unsere Probleme.

Jedes Land hat versucht, seine politische Macht, das Militär, die Waffen, die Wirtschaft, die Wissenschaft und Technologie zu vergrößern. Gibt es irgendetwas, das wir noch ausprobieren und erkunden müssten? Trotzdem sind wir alle völlig auf diese Gebiete ausgerichtet. So lange schon haben wir es mit diesen Methoden versucht – aber haben sie uns wirklich echten Frieden oder innere Zufriedenheit gebracht? Die Zeit hat

Eine Ansprache von Sri Mata Amritanandamayi

bewiesen, dass diese Methoden allein uns keine Zufriedenheit verschaffen können. Nur wenn spirituelle Macht - mit der wie bisher nie experimentiert haben - neben all diesen verschiedenen Gebieten wachsen darf erreichen wir das Glück und die Zufriedenheit, nach denen wir suchen.

In Wirklichkeit gibt es nur einen Unterschied zwischen der Bevölkerung in reichen und armen Ländern: Während die Menschen in den reichen Ländern in ihren klimatisierten Räumen und Villen weinen, weinen die Menschen in den armen Ländern auf dem Lehmboden ihrer Hütten. So oder so, eines ist klar: Menschen in vielen Teilen der Welt, die hofften, zu lächeln und glücklich zu sein, vergießen nun Tränen. Sorgen und Leiden werden zum Kennzeichen vieler Länder. Es ist sinnlos, dafür der Religion allein Vorwürfe zu machen. Einer der Hauptgründe für diese Probleme ist die Auslegung, die Interpretation, von Religion und Spiritualität durch die Menschen.

Heutzutage suchen wir die Gründe und Lösungen für alle Probleme dieser Welt im Äußeren. In unserer Hektik vergessen wir die größte aller Wahrheiten – nämlich, dass sich die Quelle aller Probleme im menschlichen Geist befindet. Wir vergessen, dass die Welt nur gut werden kann, wenn der Geist des Individuums gut wird. Wesentlich ist deshalb, dass wir neben dem Wissen um die äußere Welt auch die innere Welt erkennen lernen.

Da war einmal eine feierliche Einweihung eines neuen Super-Rechners. Anschließend wurden die Teilnehmer aufgefordert, dem Rechner jede beliebige Frage zu stellen – er werde sie innerhalb von Sekunden beantworten. Alle bemühten sich, die schwierigsten Fragen aus den Gebieten von Wissenschaft, Geschichte, Geographie usw. einzugeben. Kaum war eine Frage gestellt, tauchte auf dem Bildschirm schon die Antwort auf. Dann stellte sich ein Kind vor den Rechner und fragte ganz einfach: „Hallo, Super-Rechner, wie geht es dir heute?" Es blinkte lange auf dem Bildschirm, aber es tauchte keine Antwort auf. Für alles hatte der Rechner Antworten außer für sich selbst!

Die meisten von uns befinden sich in einem ähnlichen Zustand wie dieser Rechner. Neben dem Wissen über die Welt sollten wir ebenfalls die Kenntnisse über unsere innere Welt entwickeln.

Wenn unser Telefon nicht funktioniert, rufen wir den Reparaturdienst; ebenso erhalten wir

Hilfe, wenn der Fernseher Probleme macht; und wenn das Internet versagt, wird es von zuständiger Stelle in Ordnung gebracht. Vergleichbar ist Spiritualität das Mittel, um unsere innere Verbindung mit dem Göttlichen wieder herzustellen. Die Wissenschaft der Spiritualität gibt die Fernsteuerung für unseren Geist wieder in unsere Hand.

Es gibt zwei Arten der Erziehung: Erziehung für den Lebensunterhalt und Erziehung für das Leben. Studium an den Universitäten für ein Arzt-, Juristen- oder Ingenieursdiplom ist Ausbildung für den Lebensunterhalt. Demgegenüber verlangt die Ausbildung für das Leben das Verständnis der wesentlichen Prinzipien der Spiritualität. Das bedeutet, das Verständnis der Welt, unseres Geistes, unserer Gefühle und uns selbst zu erlangen. Wir alle wissen, dass das wahre Ziel der Erziehung nicht die Prägung von Menschen ist, die nur die Sprache der Maschinen verstehen. Der Hauptzweck der Erziehung sollte die Vermittlung einer Herzenskultur sein, einer Kultur, die auf spirituellen Werten gründet.

Wenn Religion äußerlich betrachtet wird, führt dies zu vermehrter Spaltung. Das Innere, die Essenz von Religion sollte aus der spirituellen

Perspektive gesehen werden. Nur so kommt dieses Gefühl der Spaltung zu einem Ende. Wo Spaltung herrscht, kann keine echte spirituelle Erfahrung geschehen; und wo es spirituelle Erfahrung gibt, kann keine Spaltung sein, sondern nur Einheit und Liebe. Religiöse Führer sollten bereit sein auf der Basis dieses Wissens zu arbeiten und ihren Anhängern diese Wahrheiten bewusst zu machen. Das Problem entsteht, wenn wir sagen: „Unsere Religion ist die richtige, eure ist falsch." Das ist so wie zu sagen: „Meine Mutter ist gut, deine ist eine Prostituierte." Liebe und Mitgefühl sind die wirkliche Essenz aller Religionen. Wo ist da Platz für Wettstreit?

Liebe ist unsere wahre Essenz. Liebe kennt keine Begrenzungen von Religion, Rasse, Nationalität oder Kaste. Wir sind alle Perlen, die auf die gleiche Schnur der Liebe aufgezogen sind. Diese Einheit zu erwecken und die Liebe, die unsere eigentliche Natur ist, an andere weiter zu geben – dies ist das wahre Ziel des menschlichen Lebens.

Ja, wirklich, Liebe ist die einzige Religion, die der Menschheit helfen kann, in große und glorreiche Höhen zu gelangen. Liebe sollte die einzige Schnur sein, mit der alle Religionen und

Philosophien verknüpft sind. Die Schönheit einer Gesellschaft liegt in der Einheit der Herzen.

Es ist große Vielfalt im Sanatana Dharma, der alten spirituellen Tradition Indiens. Jeder Mensch ist einmalig. Jeder hat eine eigene mentale Konstitution. Die alten Seher gaben uns eine Vielfalt an Wegen, damit jedes Individuum den ihm am besten entsprechenden Weg wählen kann. Nicht alle Schlösser können mit dem gleichen Schlüssel geöffnet werden und ebenso tragen wir nicht alle die gleiche Art von Kleidung. Diese Vielfalt gilt ebenso für die Spiritualität – der gleiche Weg ist nicht für jeden geeignet.

Zusammenkünfte und Konferenzen wie diese sollten mehr Gewicht auf Spiritualität - die innere Essenz der Religion - legen. Es ist dies der einzige Weg, um Frieden und Einheit zu erreichen. Diese Konferenz sollte nicht allein eine Zusammenkunft von Leibern sein. Bei einer solchen Gelegenheit sollte eine wahre Begegnung stattfinden, wo wir gegenseitig unsere Herzen sehen und erkennen können.

Durch die technischen Kommunikationsmittel scheinen Menschen in weiter Distanz sehr nahe zu sein. Wo aber die Kommunikation zwischen den Herzen fehlt, scheinen sogar Leute in unserer physischen Nähe sehr weit entfernt zu sein.

Dies sollte also nicht eine gewöhnliche Konferenz sein, „wo jeder spricht, niemand zuhört und jeder anderer Meinung ist!"

Den anderen zuzuhören, ist wichtig. Wir können in der Welt viele Dinge sehen und hören. Aber wir sollten uns nicht in die Angelegenheiten der anderen einmischen, denn das kann gefährliche Folgen haben. Amma erinnert sich an eine Geschichte: Ein Mann ging an einer psychiatrischen Klinik vorbei. Er hörte eine monotone Stimme wiederholen: „13…13…13…13…" und ging näher heran, um herauszufinden, woher die Stimme kam. Er sah ein Loch in der Wand und stellte fest, dass die Stimme von der anderen Seite kam. Aus Neugier hielt er sein Ohr in das Loch, um besser hören zu können. Plötzlich biß ihn jemand ins Ohr. Er schrie auf vor Schmerz und hörte die monotone Stimme leiern: „14… 14… 14… 14…"! Wir sollten unsere Urteilskraft einsetzen und unterscheiden wo unsere Aufmerksamkeit gebraucht wird und wo nicht.

Wahre religiöse Führer verehren die ganze Schöpfung und sehen alles als Gottesbewusstsein. Sie sehen die Einheit hinter der Vielfalt. Heutzutage legen viele religiöse Führer die Worte

Eine Ansprache von Sri Mata Amritanandamayi

und Erfahrungen der alten Seher und Propheten falsch aus und nützen labile Menschen aus.

Religion und Spiritualität sind der Schlüssel, um unsere Herzen zu öffnen und jedem mit Mitgefühl zu begegnen. Weil wir jedoch durch unsere Selbstsucht geblendet sind, hat unser Geist die richtige Urteilskraft eingebüßt und unsere Sichtweise ist verdreht. Dieser Zustand führt nur dazu, noch mehr Dunkelheit zu schaffen. Der gleiche Schlüssel, mit dem unsere Herzen geöffnet werden sollten, wird von unserem blinden Geist dazu verwendet, die Herzen fest zu verschließen.

Da ist eine Geschichte von vier Männern, die auf ihrem Weg zu einer religiösen Konferenz in bitterer Kälte übernachten mussten. Jeder besaß eine Schachtel Streichhölzer und etwas Brennholz, um ein Feuer anzufachen.

Der erste Mann dachte: „Dem Anhänger nach, den er um seinen Hals trägt, scheint dieser Mann einer anderen Religion anzugehören. Wenn ich ein Feuer entfache, profitiert er auch von der Wärme. Warum sollte ich mein wertvolles Holz verwenden, um ihn zu erwärmen?"

Der zweite Mann dachte: „Dieser Mensch ist aus dem Land, das uns immer bekämpft hat.

Möge Frieden und Glück walten

Ich denke nicht im Traum daran, mein Holz zu gebrauchen, um es ihm gemütlich zu machen!"

Der dritte Mann blickte auf einen der anderen und dachte: „Ich kenne diesen Kerl. Er gehört einer Sekte an, die in meiner Religion immer Probleme verursacht. Ich werde mein Holz nicht ihn verschwenden."

Der letzte Mann dachte: „Der da hat eine andere Hautfarbe und ich hasse das! Ich werde mein Holz auf keinen Fall für ihn verwenden!"

Am Schluss war also keiner von ihnen bereit, sein Holz anzuzünden um die anderen zu wärmen und deshalb waren alle am nächsten Morgen erfroren. Ähnlich hegen wir Feindschaft gegen andere im Namen von Religion, Nationalität, Hautfarbe oder Kaste, ohne das geringste Mitgefühl für unsere Mitmenschen.

Die moderne Gesellschaft kann mit einem Menschen verglichen werden, der an hohem Fieber leidet. Je höher das Thermometer steigt, desto sinnloser werden seine Äußerungen. Zum Beispiel mag er auf einen Sessel deuten und sagen: „O, der Stuhl spricht zu mir! Schau, er fliegt!" Was können wir darauf antworten? Können wir ihm beweisen, dass der Stuhl nicht fliegt? Es gibt nur eine Möglichkeit, ihm zu helfen: Wir müssen ihm fiebersenkende Medizin verabreichen. Sobald sein Fieber gesunken ist, wird alles wieder normal. Heutzutage leiden die Menschen am Fieber der Selbstsucht, der Gier, der unkontrollierten Leidenschaft usw.

Religion und Spiritualität sind der Weg unsere innere Wut in Mitgefühl, unseren Hass in Liebe, unsere sinnlichen Gedanken in göttliche Gedanken und unsere Eifersucht in Sympathie zu wandeln. In unserem gegenwärtigen verwirrten Geisteszustand verstehen die meisten von uns das jedoch nicht.

Die Gesellschaft besteht aus Individuen. Es ist der Konflikt im individuellen Geist, der sich als Krieg manifestiert. Wenn die Individuen sich ändern, ändert sich die Gesellschaft automatisch auch. So wie Hass und Rachsucht im Geist vorhanden sind, so können auch Friede und Liebe in ihm existieren.

Um Kriege zu führen, geben wir Billionen von Dollars aus und beschäftigen unzählbare Menschen. Bedenken wir, wie viel Aufmerksamkeit und intensive Anstrengung in diesen Prozess fließen! Wenn wir nur einen Bruchteil dieses Geldes und dieser Anstrengung zu Gunsten des Weltfriedens verwenden würden, könnten wir

Möge Frieden und Glück walten

mit Bestimmtheit Frieden und Harmonie in diese Welt bringen.

Jedes Land gibt Riesensummen für den Ausbau von Sicherheitssystemen aus. Sicherheit ist unumgänglich. Aber die größte aller Sicherheiten liegt darin, die spirituellen Prinzipien in sich aufzunehmen und entsprechend zu leben. Das haben wir vergessen.

Die Feinde, die uns heute von innen und außen angreifen, können nicht in Schach gehalten werden, indem wir die Abwehrkraft unserer Waffen verstärken. Wir können es uns nicht länger leisten, die Wiederentdeckung und Stärkung unserer machtvollsten Waffe, der Spiritualität, die in uns allen vorhanden ist, hinauszuschieben.

Mehr als eine Billion Menschen leiden an Armut und Hunger. Armut ist wahrhaftig unser größter Feind. Sie ist einer der Hauptgründe, warum Menschen stehlen, morden und Terroristen und Prostituierte werden. Armut schadet nicht nur dem Körper, sondern sie schwächt auch den Geist. Solche Gemüter werden im Namen von Religion beeinflusst und mit dem Gift terroristischer Ideale gefüllt. Auf diese Weise betrachtet, fühlt Amma, dass 80% der Probleme in der

Gesellschaft gelöst würden, wenn es uns gelänge, die Armut auszurotten.

Generell befindet sich die Menschheit auf einer Reise mit unklarem Ziel. Ein Mann hielt seinen Wagen an einer Kreuzung an und fragte einen Fußgänger: „Können Sie mir sagen, wohin diese Straße führt? Der Fußgänger erwiderte: „Wohin wollen Sie denn fahren?" Der Mann antwortete: "Ich weiß es nicht." „Nun gut," sagte der Fußgänger, „dann kommt es ja offensichtlich nicht darauf an, welche Richtung Sie einschlagen!" Wir sollten nicht wie dieser Autofahrer sein. Wir brauchen ein klares Ziel.

Amma ist beunruhigt zu sehen, in welcher Richtung die Welt sich bewegt. Falls in der Zukunft ein dritter Weltkrieg entsteht, sollten wir es nicht zum einem Krieg zwischen Ländern kommen lassen, sondern zu einem Krieg gegen unseren gemeinsamen Feind, die Armut.

In der heutigen Welt werden zwei Arten von Armut erfahren: die Armut durch Mangel an Nahrung, Kleidung und Unterkunft und die Armut durch Mangel an Liebe und Mitgefühl.

Von diesen muss die zweite Art zuerst berücksichtigt werden – denn wenn wir Liebe und Mitgefühl im Herzen haben, werden wir denen, die an Mangel an Nahrung, Kleidung und Obdach leiden, mit ganzer Seele dienen.

Es ist nicht die Epoche, in der wir leben, sondern das mitfühlende Herz, das eine Wandlung in der Gesellschaft bewirkt. Religionen sollten in der Lage sein, Herzen voller Mitgefühl zu schaffen. Das sollte zum Hauptziel von Religion und Spiritualität werden. Damit wir diese Welt beschützen können, müssen wir einen Weg wählen, auf dem wir unsere persönlichen Differenzen und Wünsche aufgeben. Durch Vergeben und Vergessen können wir versuchen, diese Welt neu zu schaffen und ihr neues Leben zu geben. In der Vergangenheit zu graben und sie kritisch zu untersuchen, ist sinnlos und nützt niemandem. Es ist notwendig, den Weg der Rache und Vergeltung zu verlassen und die gegenwärtige Weltsituation unparteiisch zu beurteilen. Nur so können wir den Weg zu wahrem Fortschritt finden.

Wahre Einheit –unter Menschen und zwischen Menschheit und Natur– entsteht nur durch Vertrauen in die unendliche Kraft des inneren Selbst, das jenseits aller Unterschiede ist.

Ein Regenbogen schenkt sichtbare Pracht und hat auch eine innere Bedeutung, die dem Geist hilft, sich auszuweiten. Ein Regenbogen entsteht

Eine Ansprache von Sri Mata Amritanandamayi

durch das Zusammenspiel von sieben verschiedenen Farben, die ihn so attraktiv und prächtig machen. In vergleichbarer Weise sollten wir in der Lage sein, die Unterschiede von Religion, Nationalität, Sprache und Kultur anzunehmen und wertzuschätzen. Es sollte uns möglich sein, einander die Hände zu reichen und der Menschheit und den universellen menschlichen Werten die größte Wichtigkeit beizumessen.

Ein Regenbogen erscheint und verschwindet innerhalb von einigen Minuten am Himmel. In dieser kurzen Lebensdauer gelingt es ihm, jedermann glücklich zu machen. Und wie der Regenbogen, der so kurz am unendlichen Himmel erscheint, ist unsere Lebensdauer sehr klein und unbedeutend innerhalb der Unendlichkeit der Zeit. So lange als wir in dieser Welt leben, ist unsere größte und wichtigste Aufgabe oder dharma, zum Wohle von anderen zu wirken. Nur wenn im Individuum die Güte erwacht, werden unsere Persönlichkeit und Handlungen an Schönheit und Kraft gewinnen.

Da war einmal ein kleines Mädchen, das an den Rollstuhl gebunden war. Ihre Behinderung frustrierte sie und machte sie wütend auf ihr eigenes Leben. Den ganzen langen Tag verbrachte sie am Fenster und beobachtete sehnsüchtig die anderen kleinen Kinder, die herum sprangen, hüpften, hopsten und miteinander spielten. Eines Tages, als sie wieder durchs Fenster blickte, begann es zu nieseln. Und plötzlich erschien am Himmel ein wunderbarer Regenbogen. Sofort vergaß das Kind seinen Rollstuhl, die Behinderung und ihr Leid. Der farbenfrohe Regenbogen erfüllte sie mit Glück und Hoffnung. Aber so plötzlich, wie der Regen gekommen war, hörte er wieder auf und der Regenbogen verblich. Die Erinnerung an den Regenbogen erfüllte sie mit eigenartigem Frieden und Freude. Sie fragte ihre Mutter, wohin der Regenbogen gegangen war. Diese antwortete: „Mein Liebling, ein Regenbogen ist eine sehr spezielle Schöpfung. Er kann nur entstehen, wenn Sonne und Regen zusammen kommen."

Von da an saß das kleine Mädchen am Fenster und wartete darauf, dass Sonne und Regen zusammen kommen. Sie achtete nicht mehr auf die Spiele der anderen Kinder. Schließlich begann es an einem hellen, sonnigen Tag unerwartet ein wenig zu regnen und ein herrlicher, farbiger Regenbogen erschien am Himmel. Die Freude des Kindes war grenzenlos. Die Kleine rief nach ihrer Mama und bat sie, schnell mit ihr zum Regenbogen zu fahren. Die Mutter wollte ihre Tochter nicht enttäuschen. Sie brachte sie ins Auto und fuhr mit ihr Richtung Regenbogen. An einem Punkt, wo sie gute Sicht hatten, hielt die Mutter an und half dem Kind aus dem Auto, damit es wirklich gut sehen konnte.

Das Mädchen blickte zum Regenbogen auf und fragte ihn: „Wunderbarer Regenbogen, wie ist es möglich, dass du so strahlend leuchtest?"

Der Regenbogen antwortete: „Mein liebes Kind, ich habe ein sehr kurzes Leben. Nur in der kurzen Zeit, wo Sonne und Regen zusammen kommen, kann ich existieren. Anstatt meine beschränkte Lebenszeit zu bedauern, beschloss ich, in diesen Minuten so viele Menschen als möglich so glücklich wie möglich zu machen. Als ich mir dies wünschte, wurde ich strahlend und schön."

Noch als er sprach, begann er zu verblassen, bis er schließlich nicht mehr da war. Das kleine Mädchen blickte mit Liebe und Bewunderung an die Stelle im blauen Himmel, wo der Regenbogen eben geleuchtet hatte. Von diesem Tag an war das Kind nicht mehr dasselbe. Anstatt über ihre Behinderung zu trauern und sich zu sorgen, versuchte sie nun zu lächeln und ihre Umgebung glücklich zu machen. Auf diese Weise fand sie in ihrem Leben echtes Glück und Befriedigung.

Der Regenbogen war so schön, weil er sich selbst vergaß und zum Wohle von anderen lebte. Ebenso ist es, wenn wir uns selbst vergessen. Wenn wir für das Glück der anderen leben, erfahren wir die wahre Schönheit des Lebens.

Der Körper wird sterben, egal ob wir arbeiten oder müßig sind. Deshalb ist es besser, sich mit guten Handlungen zu verbrauchen, als nichts für die Gesellschaft zu tun und dabei einzurosten.

Im Sanatana Dharma, der ewigen Religion (wie der Hinduismus auch genannt wird), gibt es das Mantra „lokah samastah sukhino bhavantu" (mögen die Wesen aller Welten glücklich sein). Den indischen Schriften zufolge gibt es keinen Unterschied zwischen dem Schöpfer und der Schöpfung, genauso wie es keinen Unterschied zwischen dem Meer und seinen Wellen gibt. In der Essenz ist beides Wasser. Gold und Goldschmuck sind dasselbe, weil die Schmuckstücke aus Gold gefertigt sind. Ebenso sind Ton und der Tontopf letztlich dasselbe, weil der Topf aus Ton geformt wurde. Folglich ist kein Unterschied zwischen dem Schöpfer oder Gott und der

Schöpfung. Sie sind im wesentlichen das Gleiche, nämlich reines Bewusstsein.

Also sollten wir lernen, jeden Menschen gleich zu lieben, da wir im Grunde alle eins sind: ein Atman. Wir sind alle eine Seele oder das Selbst. Äußerlich erscheint alles verschieden, innerlich ist alles Manifestation des absoluten Selbst.

Gott ist nicht ein begrenztes Individuum, das hoch oben in den Wolken allein auf einem goldenen Thron sitzt. Gott ist reines Bewusstsein, das allem innewohnt. Wir müssen diese Wahrheit verstehen und dadurch lernen, jedermann gleichermaßen anzunehmen und zu lieben.

Die Sonne braucht kein Kerzenlicht; ebenso benötigt Gott nichts von uns. Gott ist derjenige, der alles gibt. Wir sollten uns unter die leidenden Menschen begeben und ihnen dienen.

Es leben Millionen von Flüchtlingen und Obdachlosen in der Welt. Die Regierungen versuchen auf viele Arten, solchen Menschen zu helfen, aber die Welt braucht weit mehr Menschen, die bereit sind, in einer Haltung der Selbstlosigkeit zu arbeiten. In den Händen von Leuten mit Eigeninteressen werden eine Million Euro zu nur 100 000 Euro, bevor sie die Menschen erreichen, die mit diesen Geldern Hilfe erhalten sollten. Es ist wie Öl von einem Behälter in den nächsten umzuschütten, dann in den übernächsten und so fort. Am Ende bleibt kein Öl mehr übrig, weil jedes Mal etwas davon an den Wänden der Behälter hängen bleibt. Bei Menschen, die mit Selbstlosigkeit handeln, ist das ganz anders. Sie erhalten vielleicht einige Hunderttausend Euro, aber sie werden den Gegenwert von Millionen zu den Bedürftigen bringen. Ihre Motive sind selbstlos, sie wollen der Gesellschaft dienen. Sie nehmen keine Bezahlung dafür an, sondern verwenden alles für die Leidenden.

Wenn wir auch nur ein wenig Mitgefühl in unseren Herzen haben, sollten wir uns dazu verpflichten, zu Gunsten der Leidenden jeden Tag eine halbe Stunde mehr zu arbeiten – dies ist Ammas Bitte. Amma glaubt, dass sich auf diesem Weg eine Lösung für alles Leid und alle Armut zeigen wird.

Die heutige Welt braucht Menschen, die Güte in Wort und Tat ausdrücken. Wenn solch edle Vorbilder Beispiel für ihre Mitmenschen werden, wird die Dunkelheit aus der gegenwärtigen Gesellschaft vertrieben und das Licht von

Eine Ansprache von Sri Mata Amritanandamayi

Frieden und Gewaltlosigkeit werden diese Erde von neuem erhellen.

Lasst uns zusammen diesem Ziel entgegen arbeiten.

Möge unser Lebensbaum fest im Erdboden der Liebe verwurzelt sein;

Mögen gute Taten sein Laub bilden;

Mögen freundliche Worte ihn als Blüten zieren;

Und möge er Frieden als seine Früchte tragen.

Lasst uns zu einer Familie zusammen wachsen und uns in Liebe vereint entfalten – damit wir in einer Welt, wo Frieden und Zufriedenheit herrschen, unser Einssein feiern und zelebrieren können.

Zum Ende ihrer Worte möchte Amma hinzufügen, dass in Wirklichkeit nichts das Ende ist. Wie beim Punkt am Ende des Satzes gibt es nur eine kurze Pause – eine Pause vor einem neuen Anfang auf dem Pfad zum Frieden. Möge die göttliche Gnade uns segnen mit der Stärke, diese Botschaft weiterzutragen.

Aum Shanti, Shanti, Shanti

www.ingramcontent.com/pod-product-compliance
Lightning Source LLC
Chambersburg PA
CBHW070046070426
42449CB00012BA/3170